내 산하에 서다

한국대표
명시선
100

이 태 극

내 산하에 서다

시인생각

■ 시인의 말

　내가 시조를 짓기 시작한 것이 어언 삼십오 년이나 된다.
　그때는 그저 시골에 묻혀서 혼자 지어보곤 좋아하였을 뿐이었다. 그 후 해방의 기쁨과 함께 넘치는 생각을 역시 시조로 담아 보았다. 그 붓은 6·25동란 중에도 일사 후퇴 중에도 멈춤이 없었다.
　그러나 그것을 활자화한 것은 1948년 동덕여학교 교지가 처음이었고 그다음이 1955년 〈한국일보〉에 발표한 「山딸기」였다. 그 후에는 〈서울신문〉 〈조선일보〉 《자유문학》 《현대문학》 《시조문학》 등에 발표하여 왔다.
　이 책에 실린 오십 편의 시조는 주로 수복 후에 발표되었던 백여 편 중에서 1966년까지의 것 속에서 가린 것들이다. 실은 그때에 출판의 교섭이 있어 편집을 끝냈으나 여의치 않았고 이년 전에 조판작업에까지 이르렀다가 또 중단되었다. 이번에 동민문화사의 안동민 님의 호의로 만 삼 년 만에 햇빛을 보게 된 셈이어서 최근 작품이 수록되지 못하였음을 유감스럽게 여긴다.
　나는 내 작품을 자랑해 본 일도 없고 또한 내 작품을 학대해 본 일도 없다. 그저 나는 한 편 한 편을 내 재주껏 지어냈을 뿐이다. 내 작품은 나의 생활과 경험에서 우러나온 나의 삶의 모습인 것이니 그것은 곧 나의 생명의 분신인 것이다. 다만 내가 시조창작에서 특히 힘써온 점은 '시조를 시조로서의

시'로 지어보자는 것이었다. 즉 시조는 물론 시이지마는 시조가 지녀온 외형과 내면에서의 특징을 잘 이어 살린 시조여야만 한다는 것이다. 시조의 맛을 잃지 않은 새로운 시조로 지어나가 보자는 점이었다. 물론 이번에 선보이는 작품들이 다. 그러한 작품들이라는 것은 아니다. 다만 그러한 노력과 주의 밑에서 작시 작업을 하였다는 것이다.

 이 책은 네 부로 나누었는데 일부에서는 오랜 정들을, 이부에서는 오늘의 삶의 이모저모들을, 삼부에서는 여정旅情의 모습들을, 사부에서는 내일을 바라는 마음들을 주제로 한 작품들을 모아 보았다. 이 작품들이 오늘의 시조단에 조금이라도 참고가 된다면 참으로 보람 있는 일이라 생각하는 바이다. 우리의 시조와 가사의 대작가이었던 송강松江이나 노계蘆溪나 고산孤山 등은 모두 사, 오십부터 작품의 경지들을 개척하여서 노계와 고산은 칠, 팔십까지 계속 창작을 게을리 하지 않았다. 나도 그 끈기를 배워 앞으로도 쉬지 않으려 한다.

 끝으로 내가 오늘에 이르름에 길잡이로 모신 고 가람 스승님과 일석 이희승, 노산 이은상 님에게 각각 깊은 감사의 뜻을 드리는 바이다.

1970년 11월 15일
감나무 골에서 월 하 씀

<첫 시조집 『꽃과 여인』의 서문임>

■ 차 례 ─────────── 내 산하에 서다

시인의 말

1

산딸기　13
시조송　14
서해상의 낙조　16
삼월은　18
교차로　19
물망초　20
중추월　21
광녀狂女　22
사월은　24
여수　26
돈　27
꽃과 여인　28
내 산하에 서다　30
갈대　31

한국대표명시선100 이 태 극

2

모래내에서　35

다도해　36

심향곡尋鄕曲　38

사도思悼의 장章　40

산　41

강설부降雪賦　42

우음偶吟　44

풍란　45

실향곡　46

3

자하문 1　51
가을이 오면　52
빛　54
미로　56
구름재 송頌　57
소리 1　58
소리 6　60
소리 10　61
소리 11　62
소리 14　64
자하문 2　65

4

항아리　69

파로호　70

꽃, 꽃, 꽃　72

박제　73

어린이 시조들　74

깃은 헐리고
　―1970~1986 여름까지 정들었던
　　　　자하산사를 떠나며　76

다시 자하산사에
　―1987. 5. 30. 우림빌라로 옮기며　78

꽁초　79

눈이 내리면　80

상계동에서　81

중랑천　82

5
차 한 잔 놓고　87
짝은 떠나고　88
어머님　90
물매미　91
요즘의 심정　92

독자에게 주는 글 · 이승원　96
이태극 연보　98

1

산딸기

골짝 바위 서리에
빨가장이 여문 딸기

가마귀 먹게 두고
산이 좋아 사는 것을

아이들 종종처 뛰며
숲을 헤쳐 덤비네.

삼동을 견뎌 넘고
삼춘을 숨어 살아

뙤약볕 이 산허리
외롬 품고 자란 딸기

알알이 부푼 정열이사
마냥 누려 지이다.

　　　　　　　　　　〈1955. 9. 26. 동망산방〉

시조송

시조가 하도 좋아
나도 읊어 보던 것이

그 벌써 한 이십 년
어제론 듯 흘렀구료

오늘 또 한 수 얻고서
어린인 양 들레오.

이루 다 못 푼 정
그려도 보고파서

옛 가락 그 그릇에
삶의 소릴 얹어 보니

새로움 더욱 더 솟아
내 못 잊고 살으오.

묶는 듯 율律의 자윤
내일 바라 벗어나고

부풀어 말의 자랑
갈수록 되살아나

이 노래 청사를 감넘어
보람쩍게 크리라.

<1955. 4. 20. 동망산방>

서해상의 낙조

어허 저거 물이 끓는다
구름이 마구 탄다.

둥근 원구가
검붉은 불덩이다.

수평선 한 지점 위로
머문 듯이 접어든다.

큰 바퀴 피로 물들며
반나마 잠기었다.

먼 뒷섬들이
다시 환히 얼리더니,

아차차 채운만 남고
정녕 없어졌구나.

구름 빛도 가라앉고
섬들도 그림 진다.

끓던 물도 검푸르게
잔잔히 숨더니만,

어디서 살진 반달이
함艦을 따라 웃는고.

―1957년 8월 4일 해군함정 810으로 제주를 찾아 서해상을 달리다가―

<1957. 10. 동망산방>

삼월은

진달래 망울 부퍼
발돋움 서성이고

쌓이던 눈은 슬어
토끼도 잠든 산속

삼월은 어머님 품으로
다사로움 더 겨워—.

멀리 흰 산 이마
문득 다금 언젤런고

구렁에 물소리가
몸에 감겨 스며드는

삼월은 젖먹이로세
재롱만이 더 늘어—.

<1956. 4. 15. 동망산방>

교차로

선과 선의 흐름이어
손과 눈의 견줌이어
여기는 네거리
네 내가 섰는 곳
우러러 구름 길보다
발길 다시 옮는다

그래 밝고 흐름의
지울 수 없는 교차로
웃다 울다 가는
삶의 도가니 속
굽어서 날빛을 찾는
발길 다시 옮는다

<1960. 1. 8. 동망산방>

물망초

이리될 것이드면 아예 구름일 것을
저러할 것이어든 지레 유수流水일 것을
스며든 스며든 정일래 되돌아보는 발길이여!

해바라기 나는 그댈 태양으로
시름 진 사연을랑 연에 띄워 날리려도
자취여 자취로만 살기 차마 어이 끊을꼬?

솟구치는 설움 겨워 안간힘을 쓰는 것도
달맞이꽃과 같이 흐느껴 어리워라
한없이 되살아 안기는 물망초여 그대여!

<1960. 5. 동망산방>

중추월

당신들 노시던 달
오늘도 둥싯 뜨오

밤 대추 햇송편에
있고 없고 갖춘 정성

들국화
피는 한 강산서
오손도손 나눕시다.

<1964. 9. 18. 감나무골>

광녀狂女

아롱진 보표를랑
아스라이 새기면서,

지금 원시림 속을
걷는 여인이 있다.

우윳빛 살 향기 그대로
보슬비를 받으며—.

말끔히 잃어버린
눈물과 웃음마저,

희멀건 기억 속에
자연紫煙처럼 풍겨 주고,

도도롬 부푼 가슴에
지는 잎을 안는다.

저렇게 키워진 몸
고이 간직던 그 몸,

대낮 저잣가에
조롱감 되었구려.

그 무슨 곡절 있는지
열어 주렴, 씨원히.

<1960. 11. 14. 낙산우사>

사월은

희짓는 시새움도
영을 넘는 아지랑이

꽃다지 오랑캐꽃
보슬비에 젖는 얼굴

사월은 벅찬 가슴으로
활짝 웃는 아가씨.

앉은뱅이 진달래도
골짝을 불태우고

벌거숭이 목련들이
내음내음 부르는가

사월은 제비도 오는
갈마드는 꽃가마.

부라린 망울들이
지금도 어느 하늘가

피고 지는 꽃잎처럼
계절을 머금은 채

사월은 목말라 찾는
산접동의 연간가.

<1962. 5. 13. 낙산우사>

여수

아련히 아롱대는
뒤안의 달리아 꽃

재롱도 늘었으리
숭이의 뒤뚱걸음

별빛도
숨은 물결에사
고향길이 떠오네.

버리듯 떠나버린 섬
호젓이 감겨들어

외마디 기적도
되안기는 헝거로움

보고 온
탐라의 산하로
얼싸 보는 이 한밤

<1962. 6. 17. 낙산우사>

돈

　　1

있으면 웃어대고
없으면 울어 쌓는 너

토라진 서슬에
정도 찢기는 너

산산이 불에 살라서
뿌리고픈 초혼곡!

　　2

종이쪽이 날개 돋친
바드러운 공간이여!

뱀으로 원숭이로
부나비로 살고 볼까?

아니면 모래도 안 씹는
불사조로 살아갈까?

　　　　　　　　　〈1963. 6. 16. 감나무골〉

꽃과 여인

1

가득 함초롬히
마주 연 입술과 입술

구겨진 마음씨도
해맑은 거울인데

계절이 노을 진 아침
보람만 찬 기슴이네.

2

부푼 가슴 그저
꿈이도록 영롱하고

벌 나비 사려가며
내 자란 정열이기

태양도 저리 한갓져
재롱만스런 외면인가?

3
펄펄 세월이 지네
굽이굽이 인생길에

저기 낙엽들이
눈보라를 손짓하네

사랑은 배리背理의 사탑斜塔
웃음 짓는 꽃과 꽃.

<1964. 9. 감나무골>

내 산하에 서다

　　1
일월日月도 서먹한 채 그늘진 정은 흘러
핏자욱 길목마다 귀촉도 우는구나
건널목 숲으로 가름한 저 언덕과 이 강물!

　　2
진달래 피어 들고 단풍잎 불타 나고
부르며 바라보는 어배들의 보금자리
배리背理는 화사花蛇의 습성 굳어만 가는 마음벌!

　　3
얼룩진 수의囚衣이기 되씹는 회한인가
깁 소매 접어 넣고 활짝 열자 닫힌 창을
섭리는 새날의 기수 지켜 서는 내 강토.

　　4
오랜 역사의 장章이 갈피갈피 어엿하다
한 핏줄 소용 돌아 가슴 가슴 솟구친다
갈림은 만남의 정점 휘어잡는 내 손길―.

　　　　　　　　　　〈1965. 6. 감나무골〉

갈대

하이얀 갈대들이
날개 젓는 언덕으로

바래진 나날들이
갈기갈기 찢기운다

어허남 요령도 아련히
푸른 하늘 높푸른데……

칡넝쿨 얼기설기
휘돌아 산다는 길

가마귀 석양을 넘듯
넘어나 가 봤으면

그 훗날 저 꽃 증언 삼아
다시 여기 서나 보게.

<1965. 12. 19. 감나무골>

2

모래내에서

모래 위에 세워지는 모자이크 조각집들
물 없는 시낸 마냥 어린이들 놀이터
기적이 목메어 울다 기인 연기로 남는 곳.

산마루로 기어 넘는 블록의 토담집들
미루나무 그늘이라도 그리워 찾는 이 복더위
그래도 하늘은 높아 저기 한강은 흐르네.

북한 관악 멀리 불러 흰 구름이 손짓는다
도심을 떠나 이십여 리 별빛도 조으는가
옮겨와 짐 푼 나그네들 꽃 피우자 뜨락에―.

<1967. 7. 모래내>

다도해

끝 모를 출렁임에
쪽빛 마음은 깊어

갈매기도 구름을 불러
넘노는 사이사이

응결져 저겨 선 모습들
선듯선듯 맞아 주네.

돌고돌고 비껴 빠져
안고 업고 쓰담는 눈길

솟는 듯 앉는 듯
눕는 듯 기는 듯이

허허한 요람에 안겨
자세 짓는 섬·섬·섬.

고동에 들레인 마음마음
저어 뵈는 영송迎送의 손길

돛배도 저어기
물결 따라 키를 잡았다

동백이 피고 진 그 둘레로
정을 줍는 나그네.

<1968. 7. 다도해 선상에서>

심향곡 尋鄉曲

꿈으로 그리던 고향
찾아보면 파로호수

멧새들도 반기는 듯
다람쥐도 종종걸음

이 저 산 흩어진 애긴
꾸레미져 안겨들고—.

산영山影 잠긴 그 속
내 어린 시절이 있고

햇볕도 노 결에 부신
물소리 웃음소리

한나절 녹음도 겨워
매아미는 울어 쌓나?

굽이굽이 기슭을 따라
물길을 가노라면

구름은 영을 넘고
바람은 재롱 짓고

옛 생각 실꾸리 되어
감겨들고 감겨나고—.

총소리 드높던 골짝
초목은 잠들었고

줄기 가눠 오르면
못 넘는 저편 언덕

차라리 저 작은 나비가
그저 그만 부럽기만—

몇 대를 비알 갈아
목숨을 이어 살고

이 물속 잉어 낚아
푸짐한 잔치라네

목메기 뒤쫓는 앞날
환히 밝아 주려마—.

<1969. 1. 모래내>

사도思悼의 장章

단풍잎 가지마다에 마지막 정열은 타고
산국화 오복소복히 이슬이 차가웁다
먼 줄기 서리운 강물엔 고향만이 다가서고—.

코스모스 웃는 모습 그대 주고 간 마음
갈대꽃 하얀 손길 무덤가에 떨고 섰다
꿈으로 돋아 온 가락 산새만이 배워 사나?

갈 곳 차마 모르던 떠도는 한 마리 철새
흐려진 비명碑銘에 비와 바람 다그쳐도
제 날개 제가 따르며 울어 쫓는 삶의 길!

<1968. 10. 모래내>

산

아예 망각을 안고 하늘 바라 앉은 세월
하많은 사연들이 능선으로 오고 가도
철 따라 새는 울고 꽃 피어 바람도 겹게 스쳐 주네.

억겁 멀리 바다만을 돋움하여 듣는 나날
끝 모를 정한으로 침침 구름 속 산다 해도
해와 달 이랑을 지으며 가린 자릴 비춰 주네.

<1969. 2. 모래내>

강설부降雪賦

난무亂舞의 화신인저
창궁이 너의 무대

흰 깁의 손길
여린 여린 몸매

이렇게 계절을 누비어
찾아드는 손일레.

애초 자유에 겨워
어데든 어루는 너

긴 여로 트인 공간
허허로이 아름 안아

차분한 정을 쌓는가
도란이는 너울 속!

너를 안 마음은 사紗
한강을 거스른 꿈

무릎을 빠치며
놀던 골짝 지금 어데

태백의 줄기를 타 내린
세종로의 눈보라뿐.

휘내고 허둥여도
지켜 지닌 너의 자세

솟아솟아 따라따라
한없는 마음의 나라

까마득 은령銀嶺도 넘어
가물가물 떠노네―.

<1970. 1. 모래내>

우음偶吟

꽃도 피더이다 새도 우더이다
하구한 세월 따라 주름살도 느더이다
어느 결 다 못한 정 봄비로이 젖으올까?

<1971. 9. 이화 창가에서>

풍란

남쪽 외딴 섬 속 해풍에 길리워져
흙 한 점도 외오 훌훌 벗은 뿌리로세
빳빳한 잎새도 굳게 피어나던 그 기쁨!

칠만큼 물을 뿜어 꽃 바라 모셨더니
아이 손 강아지 입에 뽑히고 뽑히어서
긴 추위 방 한구석에서 숨을 거둔 그 풍란!

마른 뿌리 언 잎새들 손에 하고 바라보니
그 고향 그 물결이 눈에 와 어리운다
갈매기 우는 소리에 다시 분에 심어 본다.

이 봄은 눈으로 싸여 입김도 차가웁다
다시 네 주검을 아랫목에 넣어 본다
고동도 창가에 와 걸려 목메는 이 아침!

<1970. 3. 모래내>

실향곡

눈 감으면 거울 되는 내 놀던 푸른 언덕
북한강 따라올라 사명산四明山의 북녘 기슭
지금은 파로호 깊숙한 어별魚鼈들의 보금자리.

피어난 진달래가 석장을 수놓으면
산꿩들의 울음 따라 잠차지던 소꿉놀이
냉잇국 쑥버무림에 초승달도 밝았지?

물이 불면 고기 뜨고 날이 들면 뱃놀이들
벌거숭이 하동들의 꿈은 마냥 부풀기만
밤나무 그늘 밑에서 귀글 소리 우렁찼지?

서시래 벼랑 끝에 단풍이 불타나고
영 너머 조 이삭이 석양에 물들면은
온 마을 타작마당은 풍년가로 들렜지?

눈이 찬바람이 강마을을 휘몰아치면
잉어잡이 토끼몰이 따라나선 꼬마 용사
짚신 속 발가락이 얼어도 지칠 줄을 몰랐지?

이렇듯 꿈 꿈으로만 새김하는 옛 내 고향
이순 문턱에 서 티끌만 호흡한다.
색동옷 그 마당에 앉은 채 소쩍 소리 들으며―.

<1970. 11. 감나무골>

3

자하문 1

밤낮을 이어온 허허로운 바람 속에
망각의 세월 단청으로 섰는 오늘
엇바뀐 역사 갈피에는 노을만이 붉는가

나드는 장안 길목 예 이젤 호흡하다
뒤 미처 못 따르는 버둥이는 마음일 땐
저 먼 먼 창궁을 바라 자락만을 띄우고

희비의 사연들로 엮여진 고갯마루
철새들은 오늘도 어제를 지저귀나
그렇게 살아온 나날이예 내일 비는 자세로

<1972. 1. 14. 자하산사>

가을이 오면

풀섶 나뭇잎이
노을로 불붙으면

드높은 창궁은
투명 속의 청자 거울

빠알간 능금알들이
가슴가슴 안기네

이렇게 가을이 오면
마음은 돛을 달고

그 옛날 뒷두루[後坪里]의
능금 밭으로 닫는다

못 잊을 하나의 영상을
되찾아나 보련 듯

내 지금 잎이 지는
가로수 밑에 섰다

잡답과 소음이
휘밀리는 한복판에

어설픈 발길도 멈춘 채
황혼을 부르면서―.

<1972. 9. 30. 자하산사>

빛

드높은 하늘 이고
광야를 걷는 나그네

휘돌아 바람을 타고
오뇌에 젖어 본다.

가녀린 젖줄을 찾듯
한 가닥 빛을 바라

목 타게 캐는 광맥
잡히잖는 어제오늘

주사위도 던져 가며
고삐를 채쳐본다.

그 어느 가난한 품에라도
안기고만 싶어서

부서지는 잎새 소리
공간을 무찌르고

스산한 오두막에도
등불이 점멸된다.

길고 긴 목을 늘이어
빛을 줍는 무리들

<1975. 11. 28. 자하산사>

미로

노을이 펼친 들녘
속으로만 메아리져

외로이 걷는 들섶
잃어진 기억인데.

감도는 안개는 짙게
저 영마를 감는가.

크렁한 목소리에
휘감기는 나그넷길

손가락 사이사이로
지나치는 오열의 등불.

끝 모를 자맥질 속으로
너와 내가 떠도나.

<1976. 11. 3. 자하산사>

구름재 송頌

영마루 구름으로 너그러움 감싸 안고
구름 위 솟은 재 우러름을 모아 놨네
둥 둥 둥 이 강산을 덮는 보드러운 그 손길

겨레사랑 나라 사랑 육십 고개 무거운 짐
내 글 내 노래를 다시없는 보배라고
다지고 다져온 나날 일월 되어 눈부셔라

오로지 한 곬으로 굳어만 진 삶이기에
외롭고 고달픔이 길을 앞서 달리었지
병고와 싸워 이겼음도 이 정성의 덕이리

겸손과 자애로 한결같은 구름재
육순의 고개 넘어 다시 또 육순으로
불변의 날빛을 받아 높이높이 솟으리

<1977. 10. 7. 자하산사>

소리 1

빗장 소롯이 열고
자리한 태백의 기슭

인내로 얻은 씨앗
산과 물줄기 따라

반만년 이어온 가쁜 숨
귀 모아 보는 오늘이다.

나뉘고 모여지고
또 갈린 남북 겨레

벌 나비도 넘나드는
담도 없는 그 너머서

서로의 부름만 굽이져
저 하늘을 감도나.

언젠간 오리
그 손길 마주 잡을 날

시름은 꽃으로 피워
길목 길목에 쌓아 두고

길차게 엮을 대합주
내일 바라 들으리.

<1977. 1. 16. 자하산사>

소리 6

다짐도 허사로고 어수선한 틈을 노려
북쪽 되바람이 이 강토 휩쓰는 소리
사흘도 못 버티고서 궁궐마저 앗기다.

산산조각이 난 채 아녀잔 울부짖고
호기에 찬 오랑캐는 산성을 에워싸고
항복을 재촉하는 화살 빗발 되어 꽂히다.

항전과 화해의 사이 충정으로 엇갈리다
사직과 겨레 위한 피치 못할 통곡 속에
곤룡포 자락을 끌고 삼전도에 꿇앉다.

수욕과 원분으로 초목도 빛을 잃다
한강수 삼각산을 돌아돌아 붙안고서
기약도 못할 발길 옮기던 비바람 속의 북행길.

<1977. 6. 26. 자하산사>

소리 10

조여드는 쇠사슬에
맨손으로 일어서다

개화의 방패로서
내 조국 지키려고

배 갈라 피를 뿌리며
버텨 서던 그 모습.

하얼빈 역두에서
쏘아 댄 그 총소리

이천만 겨레들의
가슴가슴 사무쳐서

나라를 찾으려는 마음
오늘에도 보옵네.

〈1979. 4. 11. 자하산사〉

소리 11

탑골의 그 함성이
방방곡곡 누벼지자

너 나 없이 너울지어
다투어 앞을 서다

총검도 아랑곳이랴
죽음을 딛고 넘다.

만세 소리 태극 깃발
거리거리 물결치다

팔이 잘리우면
입에 물고 달리었다

불길에 휩싸여서도
독립만을 외치며—.

겨레의 살았음을
만방에 떨치었고

스스로 일어섬에
힘은 더욱 솟구쳐서

해방의 밀물을 바라
끊일 줄을 몰랐다.

<1979. 4. 11. 자하산사>

소리 14

이 무슨 업죄인고
갈려진 이념의 벽

돌려진 강토는
동강 나 먼먼 이역

혈육은 남과 북으로
그리움의 숲이예.

서로의 울부짖음
완충지댈 메아리 짓고

부자 형젠 총칼로
견주어 마주 섰다

삼국 때 깃들인 한만이
뼛속 깊이 파고든다.

<1979. 10. 29. 자하산사>

자하문 2

역사의 실마리를 차곡히 지니인 채
창연한 나래 들어 태고를 숨 쉬는 듯
세기의 고비 고빗길을 가늠하고 섰는가

치솟는 빌딩의 숲 소음 저켠 다독이며
애환의 바람결에 가슴 설레이나
오늘과 내일의 숨결이 노을 비껴 서리는데—

성 줄길 따라 두른 젊음의 눈망울들
저 먼 비구름도 환히 걷어낼 소망인데
말 없는 구도자인가 안갤 덮고 앉았다.

<1981. 5. 31. 자하산사>

4

항아리

비운 채 입을 열고
하늘 바라 숨을 쉰다

하고 한 세월자락
그리움이 솟구쳐도

지긋이 다둑이는 둘레
살아 향은 흐르고

떨리던 그 숨결과
응얼진 그 눈초리

이어 타던 불길에
고뇌 함께 사룬 아침

환희와 좌절을 디딘
지순이여 빛이여

<1983. 12. 25. 자하산사>

파로호

산굽이 물굽이를
돌아 오른 호수 속에

내 어린 시절이
아스무레 웃고 있다

그 어언
반세기의 풍상
꿈인 듯이 흐르고

물이면 돛배 두어 척
물길 따라 올랐고

가을 되면 금강산이
단풍잎에 실려 왔다

옹종기
초가로 어울려
숨 고르던 강변 마을

밀리고 밀어 찾은
피어린 고향인데

녹슬은 철망 저쪽
어기찬 천리 동토 凍土

파로호
꽃바람 타고
웃음 동산 이뤘으면—

<1983. 12. 28. 자하산사>

꽃, 꽃, 꽃

생김새 제 빛깔로
어우러 핀 공간이여

벌 나비 오건 가건
비바람에 맡겨 놓고

그 넓은 하늘을 안아
섰는 곳에 서 있다

눈서리 어둠 속에
견디어 밝힌 목숨

억겁을 수놓으며
가만가만 여는 희열

이 길목 어기찬 숨결도
감싸 웃는 꽃, 꽃, 꽃

<1984. 7. 11. 자하산사>

박제

목숨은 도륙되어 건성 버텨섰고
겨누는 동자는 항시 한 곳인데
날 듯한 그 자세에 자꾸 가슴만이 조인다

잃은 것도 얻은 것 있음도 없음인데
나래 쳐 휘날자고 갈구하는 여울목에
비쳐든 아침햇살만이 감기고만 있구나

찢긴 어제오늘 목 목에 휘감기어
바자님도 뉘우침도 아예 밀친 허상이기
청자의 맑음을 긷는 내일내일 아쉽어

<1985. 2. 4. 아침. 자하산사>

어린이 시조들

1. 걸음마

기우뚱 옮겨 놓고
하하하하 손 흔들고
또 한 발짝 띄어보다
엉덩방아 찧고서도
일으킨 엄마의 손길
뿌리치는 고사리 손

2. 잠투정

으아 입 언저리에
스며 내리는 눈물방울
둥개둥개 쓸어안고
마음 졸이다 보면
그 눈물 옷섶을 적신 채
스스로 새근새근

3. 별 따기

긴 막대 둘러메고
언덕으로 달려올라
어둠 속 반짝이는

별 하나 따보려고
발돋움 발돋움 치며
휘젓고 휘젓는다

   4. 개구쟁이

질펑한 수렁 마당
이리 뛰고 저리 뛰며
강아지와 어울리어
넘어지고 자빠지나
얼굴엔 앙괭이 그려
희희하하 손뼉이다

   5. 새치기

아이들 줄을 서서
버스를 기다린다
언 발을 동동동
찬 입김 엇갈린다
새치기 큰 몸뚱이를
우우하고 밀어낸다

<1986. 10. 30. 자하빌라>

깃은 헐리고
— 1970~1986 여름까지 정들었던
자하산사를 떠나며

서울살이에서 가장 오래 머문 자리
짐 꾸려 옮긴 빈터 정적을 깨고
크레인 드높은 소리로 허물어져 가기만

정어린 선물이기 정들여 가꾼 오동
십칠 년의 흔적 그냥 나뒹굴어 떨고 있고
싱그레 너울대던 파초도 소리 없이 쓰러졌다

방싯 반겨주던 산목련도 흔적 없고
겨우 살려 피우던 매화도 살지 말지
추위가 닥치는 언덕에 세워지는 골조 기둥

용문산정龍門山頂에서 옮긴 원추리 꽃 맺힌 정도
파로호에서 맞아온 상사화의 그리움도
뿌리서 돋아 자라던 감 그루도 먼 기억뿐

볼 붉혀 안겨오던 대추알도 아물아물
주저리 달려 웃던 청포도도 눈에 어리고
그 그저 허수아비로 허공만을 바라본다

사십여 편 자하산사의 화목찬花木讚도 시로만 남고
아침저녁 매만지던 손길도 자취로만 남아
주름진 얼굴만 들고 석양 길을 밟는다

      <1986. 11. 16. 자하빌라>

다시 자하산사에
   — 1987. 5. 30. 우림빌라로 옮기며

소위 문화주택이란 새 빌라로 옮기다
쌓아두었던 책을 싣고 온 옛 자리
사라진 화목들의 망령만이 소리 없이 맞는다

살기엔 편하지만 갇혀진 새장 속에
철문은 굳게 닫히어 지척도 천리인 듯
조여진 마음을 다독이며 창문만을 바라서다

길들면 그저 그냥 살아갈 순 있겠지만
꽃 가꾸고 새 기르고프고 흙도 새록 그리워라
모든 것 다 떨쳐버리고 돌아갈까 전원으로

<1987. 7. 9. 자하우사>

꽁초

온몸 불살라서
흰 재로 남는 생애
여한이 있어선가
새까매진 댓진 토막
가버린 삶의 껍데긴 양
가슴으로 파고든다

버리려다 손을 멈춰
재떨이에 모아 본다
호곡이 귀를 잡고
연기로 다시 인다
새빨간 불덩이가 곧
이글이글 다가올 듯

<1988. 5. 5. 자하우사>

눈이 내리면

겨울의 전령들이 소리 없이 내려오면
거칠던 산과 들도 흰옷으로 단장한다
나는야 마당가에서 검둥이와 놀았고

점순이는 싸락눈을 입쌀이라 받아 모아
밥 짓고 떡 만들어 주린 배 불리잔다
그 모두 흘러간 꿈으로 머리에만 눈을 였네

철로 가 아파트 숲 그 마당에 눈이 내리면
구부정 손자들과 손에 손 마주 잡고
추한 것 말끔히 씻어달라고 춤을 우쭐 추어보리라

<1989. 10. 30. 상계우사>

상계동에서

백운 만경대에 수락, 불암 에워진 곳
도심은 저 멀리 숲도 없던 둘레 안에
치솟은 아파트들이 어깨 겯고 서 있다

두꺼운 벽과 벽에 잠겨진 출입문들
가까운 이방지대 끊어진 대화 속에
떠오른 아침 햇살도 희뿌옇게 가리운다

떠도는 구름장들 허공을 휘덮다가
층층이 켜지는 불 암흑에 싸여들면
깃 털고 모이는 발길들이 층계 위를 찍어댄다

<1990. 1. 4. 상계우사>

중랑천

물결 져 흐른 시내
상계 중계 하계
월계 석계 지나
피래미도 놀던 이곳
토해진 거품만 싣고
소리 없이 흐느낀다

버들개지 잠긴 물엔
아가씨들 발도 씻고
은모래 펼친 가엔
씨름판도 들렜는데
버려진 오물찌꺼기로
역겨움만 솟는다

실 샘물 모인 청정淸淨
오염의 수렁으로
생명은 앗긴 채로
끊일 듯 이어지고
희맑은 달그림자마저
그 속에서 호곡한다

<1990. 1. 4. 상계우사>

5

차 한 잔 놓고

차 한 잔 놓고 눈 지긋 감아 본다
지난 세월 실꾸리로 언뜻언뜻 스쳐간다
창밖엔 궂은 빗소리 어둠으로 말려들고.

눈을 떠 찻잔 보니 가물가물 삶의 모습
은은한 향에 쌓여 아스라이 굽이돈다
넘어갈 고빗길들은 감겨감겨 들어오고.

다 식은 찻물 속에 파리가 투신했다
꺼져가는 불속으로 부나비가 다퉈든다
꿀벌은 소리도 나직이 꽃술꽃술 파드는데.

<1992. 5. 27. 하계우사>

짝은 떠나고

팔순 한평생을
사는 듯 살도 못하고

한마디 말도 못한 채
떠나간 그대 모습

봉긋한 무덤에 누워
부슬비에 젖는가.

피려던 열여덟에
귀밑머리 풀고 와서

어렵사리 살림살일
말없이 꾸려 주고

사남맬 키워 키워서
보란 듯이 세웠고.

회한은 비바람 되어
문듯문듯 감겨온다.

아침저녁 상머리에
앉은 듯 어리는데

그 미소 안갯속으로
아스라이 숨는다.

<1991. 7. 10. 하계우사>

어머님

어머님 방망이 소리 언덕 기어오르고
햇빛은 물무늬 타고 재롱지어 퍼지는데
땀방울 얽힌 미소가 어제 같은 먼 기억.

발가숭 물장구를 지키시던 그 눈길은
우리들의 오늘을 꿈으로만 간직한 채
그 벌써 가신 지 60여 년 사진만을 더듬고.

언제나 내편이시던 어머님 주신 그 힘
내 삶의 지팡이로 세파를 헤쳐 왔는데
묘소의 잡초와도 같이 그 미소 다시 봤으면—.

<1992. 7. 15. 하계우사>

물매미

물위를 감고 돈다
맑음 흐림 가림 없이

혼자로도 쌍으로도
쉬었다간 돌고 돈다.

그 물살 사라져 가면
다시 감고 돌아온다.

땅거미 스며들면
풀줄기에 붙어 쉬고

날이 새면 다시 나와
그 줄길 감고 돈다.

지그시 눈을 감으면
나도 그냥 물매민 듯.

<1993. 8. 23. 하계우사>

요즘의 심정

1

손수 가꾼 자하산사
꿈도 있었건만

빌라로 둔갑된 훈
박제된 허수아비

이곳을 떠나 옮겨지니
속 빈 강정만 같을 뿐.

2

상계 하계 썩은 물가
3, 4년 살았어도

굳어만 진 고립의 벽
서먹하던 짝도 잃고

외롬만 다가서 오네
지난날만 되살아나.

3
누구와 같이 바둑알 쥔 채
갔으면도 하고

먼 산머리 구름길을
더듬어도 보지만은

바람만 살포시 가슴에 안겨
실존實存임을 알리네.

　　4
이젠 아들 따라
강남으로 옮겨왔다

여기는 삼전도 근처
아세아 선수촌 옆

희비의 그림자도 짙어
숨결 모아 삼킨다.

5

아직 사람이기
미련도 애착도 있다

내 삶의 흔적들을
남겨 두고도 싶다.

내 묻힐 산언덕에다
작은 집도 짓고 싶다.

6

내 쓰고 가졌던 것들
한 곳에 남기고도 싶다.

그것이 몇 년 갈진
헤아릴 순 없더라도

내 분신 그대로 남겨
있는 날까지 두고플 뿐.

7
욕을 먹으면서도
시조문학 내는 일에

내 마지막 힘을
기울이고 있지만은

늙음은 그 한계마저
지켜 주진 않는 듯.

       8
늦게 얻은 아들도
불혹 넘어 제 길 가고

며느리도 두 아들을
키워 놓고 제 일 열었다

두 손잔 사이좋게들
공부하니 귀엽기만.

<1994. 4. 18. 잠실 우성우사>

■ 독자에게 주는 글

 올해는 선친께서 돌아가신 지 10주기가 되는 해이고 탄생 100주년이 되는 해이다. 탄생 100주년 기념행사가 몇 군데에서 개최될 것이라고 들었다. 그런 뜻깊은 해에 시선집도 나오게 되어 기쁘기 그지없다.
 선친께서는 일제강점기에 지방공무원 생활을 잠깐 하신 다음 해방될 때까지 만 11년 동안 보통학교, 지금의 초등학교 교사를 하셨다. 해방 전 암흑의 6년은 일본어로만 수업을 하여 참으로 괴로웠다고 말씀하신 적이 있다. 그것이 한이 되어서인지 해방 이후 서울로 오셔서 국어국문학과에 편입을 하셨고 가람 이병기 선생의 영향을 받아 시조 연구와 창작에 뜻을 두셨다. 천성이 부지런하셔서 창작만 하신 것이 아니라 시조전문지도 간행하셨고 시조시인의 단체도 창립하셨다. 다방면의 활동을 하시니 비판의 눈총도 적지 않아서 마음고생도 많이 하셨다. 어쨌든 6·25 이후부터 돌아가시는 그날까지 50년 동안 시조만을 위해 사신 것은 틀림없는 사실이다.

선친의 시조 중 요즘 사람들에게 쉽게 다가갈 수 있는 작품 50편을 골라 시선집으로 묶는다. 이해의 편의를 위해 현재 맞춤법으로 교정하였고 가능한 한 창작 순서대로 작품을 배열하였다. 선친께서는 작품을 쓰시면 꼭 창작 시점과 장소를 밝히셨다. 50편의 작품을 차례차례 읽으면 40대로부터 80대에 이르기까지 시인의 생각이 어떻게 변하는지 알 수 있을 것이다. 생활에서 얻은 감정을 시조 형식을 통해 어떻게든 진솔하게 드러내려 애쓴 시인의 창작 의도를 이해할 수 있다면 나로서는 더 바랄 것이 없겠다.

2013년 1월 18일
선친의 10주기를 앞두고 아들 숭 원 삼가 적음.

이 태 극   연 보

1913(1세) 7월 16일 강원도 화천군 간동면 방천리 방현 포에서 이근욱李根旭과 김경진金慶珍 사이의 장남 으로 태어남. 10세까지 한문 수학.

1924(12세) 4월 1일 양구보통학교에 입학.

1928(16세) 3월 성적우수자로 월반하여 5학년 졸업.
4월 공립 춘천고등보통학교 입학.

1929(17세) 봄에 강원도 양구 김주부 댁 장녀 김옥수金玉洙 (1912년 생)와 결혼.

1930(18세) 12월 장녀 춘계春桂 출생.

1933(21세) 춘천고등보통학교 5학년 졸업. 1933년 5월부 터 34년 4월까지 강원도청 농무과 근무.

1934(22세) 보통학교 교원 시험에 합격하여 5월부터 1945년 10월까지 강원도 춘천, 홍천, 인제 등지에서 보통학교 교원으로 근무.

1936(24세) 4월부터 1938년 5월까지 통신교육으로 와세 다대학교 전문부 문과 수학.

1943(31세) 11월 차녀 정자正子 출생.

1945(33세) 10월부터 1947년 9월까지 춘천여자고등학교 교사로 재직.

1946(34세) 9월 삼녀 인자仁子 출생.

1947(35세) 10월 서울대학교 문리과대학 국어국문학과 2학

년으로 편입하면서 동대문구 숭인동으로 이주
하고 동덕여자중고교 교사로 재직.

1950 (38세) 5월 서울대학교 국어국문학과 졸업.
6·25를 맞아 남하하였다가 1951년 8월에 부산으
로 피난하여 동덕여고 전시학교 주임으로 근무.

1952 (40세) 9월부터 서울대학교 문리대 강사 및 교양학부
대우교수.

1953 (41세) 1월 ≪시조연구≫에 창작시조「갈매기」를 발표함.
9월 이화여자대학교 국어국문학과 조교수로 부임.

1955 (43세) 4월 장남 숭원崇源 출생.
9월 한국일보에 「산딸기」 발표.

1956 (44세) 서울신문에 「삼월은」을 발표함.

1957 (45세) 국어국문학회 제4대 대표이사 맡음. 제5대와
제7대에 재임함.

1958 (46세) 『현대시조선총』(새글사) 출간.

1959 (47세) 『시조개론』(새글사) 출간.

1960 (48세) 6월 1일 시조전문지 ≪시조문학≫을 창간하여
편집인과 발행인을 맡음.

1961 (49세) 3월 동대문구 창신동으로 이사.

1963 (51세) 3월 서대문구 충정로3가로 이사.

1964 (52세) 한국시조시인협회 발족, 부회장을 맡음.

1965 (53세) 『시조연구논총』(을유문화사) 출간.

1967 (55세) 5월 서대문구 남가좌동으로 이사.

1970 (58세) 5월 서대문구 충정로3가로 다시 이사.
제1시조집 『꽃과 여인』(동민문화사) 출간.

1971 (59세) 5월 종로구 부암동으로 이사.

1974 (62세) 2월 이화여자대학교에서 문학박사 학위 받음.
『시조의 사적 연구』(선명문화사), 『한국명시조선』(정음사) 출간. 8월 ≪시조문학≫ 계간으로 전환하여 출판.

1976 (64세) 제2시조집 『노고지리』(일지사) 출간.

1978 (66세) 한국시조시인협회 회장.
8월 이화여자대학교 정년퇴임.
『고전문학연구논고』(이화여대출판부) 출간.
11월 동곡문화상 수상.

1979 (67세) 3월부터 1년 간 상명여자대학교 대우교수.

1981 (69세) 『현대시조작법』(정음사) 출간.

1982 (70세) 제3시조집 『소리・소리・소리』(문학신조사) 출간.

1983 (71세) 3월 외솔상 수상.

1984 (72세) 『세종대왕의 어린 시절』(세종대왕기념사업회) 출간.
9월 장남 승원, 윤유경尹裕璟과 결혼.

1985(73세) 12월 중앙시조대상 수상.

1986(74세) 6월 장손 문기文基 출생.
11월 육당시조상 수상.

1987(75세) 9월 차손 준기俊基 출생.

1989(77세) 5월 노원구 상계동으로 이사.

1990(78세) 제4시조집 『날빛은 저기에』(시민문화사) 출간.
10월 대한민국 문화예술대상 수상.
12월 『현대시조의 이론과 실제』(동백문화) 출간.

1991(79세) 3월 노원구 하계동으로 이사.
4월 29일 62년 간 동고동락한 부인 김옥수 여사 별세.

1992(80세) 『덜고 더한 시조개론』(반도출판사) 출간.

1994(82세) 2월 송파구 잠실동으로 이사.
10월 대한민국 문화훈장(보관장) 서훈.

1995(83세) 제5시조집 『자하산사 이후』(토방출판사) 출간.

1996(84세) 1월 회고록 『먼 영마루를 바라 살아온 길손』(국학자료원) 출간.

2001(89세) 시조선집 『진달래 연가』(태학사) 출간.

2003(91세) 4월 24일 오후 2시 50분 노환으로 별세.

〚한국대표명시선100〛을 펴내며

한국 현대시 100년의 금자탑은 장엄하다. 오랜 역사와 더불어 꽃피워온 얼·말·글의 새벽을 열었고 외세의 침략으로 역경과 수난 속에서도 모국어의 활화산은 더욱 불길을 뿜어 세계문학 속에 한국시의 참모습을 드러내게 되었다.

이 나라는 글의 나라였고 이 겨레는 시의 겨레였다. 글로 사직을 지키고 시로 살림하며 노래로 산과 물을 감싸왔다. 오늘 높아져 가는 겨레의 위상과 자존의 바탕에도 모국어의 위대한 용암이 들끓고 있음이다.

이제 우리는 이 땅의 시인들이 척박한 시대를 피땀으로 경작해온 풍성한 시의 수확을 먼 미래의 자손들에게까지 누리고 살 양식으로 공급하는 곳간을 여는 일에 나서야 할 때임을 깨닫고 서두르는 것이다.

일찍이 만해는 「님의 침묵」으로 빼앗긴 나라를 되찾고 잃어가는 민족정신을 일으켜 세우는 밑거름으로 삼았으며 그 기름의 뜻은 높은 뫼로 솟아오르고 너른 바다로 뻗어 나가고 있다.

만해가 시를 최초로 활자화한 것은 옥중시「무궁화를 심고자」(《개벽》 27호 1922. 9)였다. 만해사상실천선양회는 그 아흔 돌을 맞아 만해의 시정신을 기리는 일의 하나로 '한국대표명시선100'을 펴내게 된 것이다.

이로써 시인들은 더욱 붓을 가다듬어 후세에 길이 남을 명편들을 낳는 일에 나서게 될 것이고, 이 겨레는 이 크나큰 모국어의 축복을 길이 가슴에 새겨나갈 것이다.

만해사상실천선양회

한국대표명시선100 | 이 태 극

내 산하에 서다

1판1쇄 인쇄 2013년 2월 20일
1판1쇄 발행 2013년 2월 27일

지 은 이 이 태 극
뽑 은 이 만해사상실천선양회
펴 낸 이 이 창 섭
펴 낸 곳 시인생각
등 록 번 호 제2012-000007호(2012.7.6)
주   소 경기도 양평군 옥천면 고읍로 164
           ㉾476-832
전   화 (031)955-4961
팩   스 (031)955-4960
홈 페 이 지 http://www.dhmunhak.com
이 메 일 lkb4000@hanmail.net

값 6,000원

ISBN 978-89-98047-25-2 03810

* 잘못된 책은 책을 구입하신 서점에서 교환하여 드립니다.

※ 이 책은 만해사상실천선양회의 지원으로 간행되었습니다.